Herausgeber:
Redaktion der Kinderzeitschrift MÜCKI UND MAX.
Die Zeitschrift erscheint monatlich in der Universum Verlagsanstalt, Wiesbaden.
MÜCKI UND MAX bietet Leseanfängern von 6 bis 8 Jahren regelmäßig schön illustrierte Geschichten,
spannende Sachbeiträge und kreative Anregungen zum Basteln, Kochen und Spielen.

Illustration:
Die Umschlagillustration und die meisten Illustrationen im Innenteil stammen von Hildegard Müller.
Sie studierte Grafik-Design an der FH Darmstadt und Kunsterziehung an der
Universität Mainz. Seit 1985 arbeitet sie als freiberufliche Illustratorin und Grafikerin.

Das Osterbuch

EDITION BÜCHERBÄR

1. Auflage 1996
© Edition Bücherbär im Arena Verlag GmbH, Würzburg 1996
Alle Rechte vorbehalten
Herausgeber: Kinderzeitschrift MÜCKI UND MAX,
Universum Verlagsanstalt GmbH KG, Wiesbaden
Einband und der überwiegende Teil der Illustrationen: Hildegard Müller
Gesamtherstellung: Westermann Druck Zwickau GmbH
ISBN 3-401-07150-5

INHALT

Das Ei (Fredrik Vahle)   6

Basteln: Mensch Meier - tolle Eier   8

Das schönste Ei der Welt (Helme Heine)   10

Ostereier-Vogeleier   14

Basteln: Hühner-Eier-Becher   16

Das Liebesbrief-Ei (Janosch)   18

Spiele: Hier wird geeiert   20

April, April (Anne Steinwart)   22

Spiel: Osterhasen-Eierlauf   24

Basteln: Die kleinen Korkhasen   26

Der tolpatschige Osterhase (Heinrich Hannover)   28

Basteln: Oster-Vögel   32

Osterhaseneiertag (Edith Spangenberg)   34

Das Riesen-Ei   35

Backen: Knusprig-braune Osterhasen   36

Der Eierdieb (Andreas Röckener)   38

Basteln: Osterhasen-Eierwärmer   40

Hugo Hase (Volkmar Röhrig)   42

Das Ei

Das Huhn,
das hat mich Stück für Stück
aus seinem Hühnerpo gedrückt.
Dann hat es mich stolz angesehn
und fand mich **unbeschreiblich** schön.

Und in mir ist ganz nebenbei
das Gelbe vom Ei.

von Fredrik Vahle
mit einem Bild von Hildegard Müller

Mensch Meier –

Für schöne Ostereier brauchst du keine besonderen Eierfarben.
Du kannst Ostereier mit Wachsmalstiften und Wasserfarbe bemalen.
Oder du beklebst sie mit buntem Altpapier.

*Selbstgemachter Kleister:
Klebt gut und ist nicht giftig!*

Du brauchst:
1 Tasse kaltes Wasser
1 gestrichenen Teelöffel Stärkemehl
Topf, Schneebesen

Schütte das Wasser in den Topf.
Gib das Stärkemehl dazu.
Die Mischung erhitzen
und dabei umrühren,
bis eine glasige Masse entsteht.
Laß den Kleister abkühlen.
Füll ihn dann in ein Schraubglas.

Bemale die Eier
zuerst mit Wachsmalstiften
und dann mit Wasserfarbe.

Ein Stück Papprolle
wird zu einem Eierbecher.

**Auf Verpackungen findest du witzige Verzierungen
für den Eierbecher.**

tolle Eier!

Beklebe die Eier mit Schnipseln aus Seidenpapier, Geschenkpapier oder Zeitschriften.

Mit Buntstiften machst du dir farbiges Papier.

Das schönste Ei der Welt

Helme Heine

Es waren einmal drei Hühner –
Pünktchen, Latte und Feder,
die stritten sich,
wer die Schönste von ihnen sei.

Pünktchen besaß
das schönste Kleid.

Latte hatte die schönsten Beine.

Und Feder trug
den schönsten Kamm.

Weil sie sich
nicht einigen konnten,
beschlossen sie,
den König um Rat zu fragen.

„Es kommt
auf die inneren Werte an",
sagte der König.
„Wer das schönste Ei legt,
soll gewinnen
und Prinzessin werden."

Er ging hinaus in den Park,
und alle Hühner
seines Königreiches folgten ihm.

Pünktchen fing als erste an
zu gackern.
Vorsichtig hockte sie sich
mit ihrem schönen Kleid
ins nasse Gras.
Es dauerte nicht lang,
da erhob sie sich
und trat zur Seite.

Alle waren sprachlos.
So etwas hatten sie
noch nie gesehen:
Vor ihnen lag ein schneeweißes,
makelloses Hühnerei,
ohne jede Druckstelle,
mit einer Schale
wie polierter Marmor.
„Vollkommener geht es nicht!"
rief der König –
und alle, alle nickten.

Als Latte zu gackern begann,
bedauerten sie alle.
Ein vollkommeneres Ei
konnte man nicht legen,
das war unmöglich.
Aber nach zehn Minuten
erhob Latte sich erleichtert,
und ihr Kamm
leuchtete in der Morgensonne.

Der König klatschte vor Freude
laut in die Hände:
Vor ihm lag ein Hühnerei,
so groß und schwer,
daß selbst ein Vogel Strauß
neidisch geworden wäre.

„Größer geht es nicht!"
rief der König –
und alle, alle nickten.

Während sie noch nickten,
hockte sich Feder hin.
Alle bedauerten sie sehr,
denn ein vollkommeneres
oder ein größeres Ei
konnte sie nicht legen.
Das war undenkbar.
Feder gackerte kaum.
Es war ihre Art.
Bescheiden,
mit niedergeschlagenen Augen
saß sie da.
Dann stand sie auf.

Vor ihnen lag
ein viereckiges Hühnerei,
von dem man in hundert Jahren
noch erzählen wird.
Die Kanten waren
wie mit einem Lineal gezogen,
jede Fläche leuchtete
in einer anderen Farbe.

„Phantastischer
geht es nicht!"
rief der König –
und alle, alle nickten.

Es war unmöglich zu sagen,
welches Ei das schönste war.
Auch der König wußte es nicht.
So kam es,
daß alle drei Prinzessin wurden:
Pünktchen, Latte und Feder.

Und wenn sie nicht gestorben sind,

dann legen sie

noch heute.

Das schönste Ei der Welt
In diesem Buch findest du
die Geschichte
von diesen Seiten
und noch viel mehr
schöne Bilder von Helme Heine.

OSTEREIER-VOGELEIER

Ostereier können wie Vogeleier aussehen. Laß dich von der Natur anregen. Dann entstehen ganz besondere Ostereier-Vogeleier.

Dazu brauchst du auch keine Eierfarben zu kaufen. Als Färbebad für deine weißen Hühnereier genügen Zwiebelschalen.

So geht es:

Weiche die Zwiebelschalen in Wasser ein. Koche sie 15 Minuten. Gieße die Zwiebelschalen ab. In diesem Zwiebelsud kochst du deine Ostereier. Je länger du sie kochst, desto dunkler wird die Farbe. Du bekommst ein zartes Rosa-Braun, ein warmes Rost-Braun oder ein dunkles Kupfer-Braun.

Die Zwiebelschalen-Eier kannst du noch mit Wachsmalstiften verzieren.

TUPFEN-EIER

Betropfe die Eier
vor dem Kochen
mit Wachs.
Wenn du das Wachs
nach dem Kochen
abkratzt,
bleibt ein weißes Muster.

SPRENKEL-EIER

Dazu brauchst du
eine alte Zahnbürste,
Wasserfarben und ein Sieb.
Tauche die Zahnbürste
in Wasser und Farbe.
Streiche damit über
das Siebgitter.

MARMOR-EIER

Gib Zwiebelschalen
auf ein Stück Papier.
Lege ein rohes Ei darauf.
Wickle das Ei
so in das Papier,
daß es rundherum
von Zwiebelschalen
eingehüllt ist.
Verschnüre
das Päckchen
mit einem Faden.
Koche es 10 Minuten
im Zwiebelsud.
Laß es nach dem Kochen
so lange darin liegen,
bis es kalt ist.
Nimm
das Päckchen
dann aus dem Sud
und packe es aus.
Dein Osterei ist
schön marmoriert.

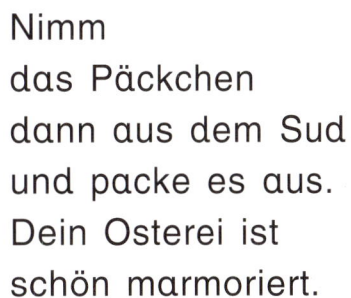

Hühner--Becher

Schneide die Hühner
mit der Schere
aus dem Eierkarton aus.
Male sie gelb
oder braun an.

Schneide
aus dem roten Papier
Schnabel und Kamm aus.
Klebe sie an.
Male Augen auf.
Klebe noch Federn an,
wenn du magst.

ICH SCHENKE DIR EIN OSTEREI. ZERBRICHST DU ES, SO HAST DU ZWEI.

Du brauchst:

**Eierkarton
Schere
Wasserfarben
Pinsel
rotes Papier
Klebstoff
Federn**

Das Liebesbrief-Ei
von Janosch
illustriert von Wolf Erlbruch

Ein Huhn verspürte große Lust,
unter den Federn in der Brust,
aus Liebe, dem Freund,
einem Hahn, zu schreiben,
er solle nicht länger
in Düsseldorf bleiben.
Er soll doch lieber
hier - zu ihr eilen
und mit ihr
die einsame Stange teilen,
auf der sie schlief.
Das stand in dem Brief.

Wir müssen noch sagen:
Es fehlte ihr an gar nichts.
Außer an Briefpapier.
Da schrieb sie ganz einfach
und deutlich mit Blei
den Liebesbrief auf ein Hühnerei.
Jetzt noch mit einer Marke bekleben
und dann auf dem Postamt abgeben.

Da knallte der Postmann
den Stempel aufs Ei.
Da war sie vorbei.
Die Liebelei.

Eier – Spiele
HIER WIRD GEEIERT

HOPPEL-HASEN

Beim Startzeichen hoppeln
alle Mitspieler los,
auf allen vieren,
wie die Hasen.
Wer zuerst am Ziel ist,
bekommt ein Osterei.

EIER-STAFFEL

Immer zwei Kinder
bilden eine Gruppe.
Jeder Mitspieler
hat einen Löffel.
Jede Gruppe bekommt dazu
noch ein Osterei.

Die Kinder laufen
mit dem Ei auf dem Löffel los.
Am Wendepunkt müssen sie
ihrem Partner das Ei übergeben,
von Löffel zu Löffel.
Dann bringt der Partner das Ei
zurück zum Start.
Welche Gruppe hat gewonnen?

EIER-DREHEN

Malt einem Osterei
eine rote Spitze.
Legt es auf einen freien Platz.
Setzt euch im Kreis
um das Ei herum.
Einer dreht das Ei.
Auf wen zeigt die rote Spitze?
Er muß einen Begriff nennen,
in dem das Wort „Ei" vorkommt.
Dann dreht er das Ei weiter.

Wem kein Wort einfällt,
der muß ausscheiden.

EIER-KUGELN

Ein kleines Osterei
liegt auf einem Tisch.
Jeder darf ein Ei
darauf zurollen.

Wer kommt mit seinem Ei
am nächsten?

April, April

Gedichte von Anne Steinwart
mit Bildern von Hildegard Müller

Kalte Ohren, rote Nase,
Schnupfen hat der Osterhase.

Nase läuft. Und wie! O weia!
Gibt's nun keine Ostereier?

Es frühlingt

Hase träumt von grünen Feldern.
Zwerge flüstern in den Wäldern.

Igel, der so lange schlief,
schickt mir einen Liebesbrief.

Winter flüchtet um die Ecke.
Frühling hockt schon in der Hecke.

OSTERHASEN-

Zum Spielen braucht ihr:

Würfel:
Spielfiguren:
Eier:

Schneidet aus farbigem Karton je 6 rote, grüne, blaue und gelbe Eier aus. Legt in die Spielfeld-Nester je 1 Ei jeder Farbe.

Jeder Osterhase wählt eine Spielfarbe aus. Auf dem Weg zum Osterfest muß er alle Eier in seiner Farbe einsammeln.

Wer mit seiner gewürfelten Zahl nicht gleich auf einem Spielfeld-Nest landet, muß so lange vor- und zurücksetzen, bis er im Nest steht. Erst dann darf er sein Ei wegnehmen.

Die kleinen

Du brauchst:
Korken
farbigen Karton
Klebstoff
Nadel und Faden
Farben und Pinsel
Schere
Messer

So wird's gemacht:

Schneide aus farbigem Karton Ohren und Hände aus.

Knicke die Teile an den gestrichelten Linien.

Schneide mit dem Messer eine Kerbe in den Korken.

In diese Kerbe steckst du die Hasenohren.

Klebe die Arme an.

Bemale die Hasen mit Wasserfarbe.

So kannst du die Häschen an den Osterstrauß hängen …

Korkhasen

... oder damit spielen.

Der tolpatschige Osterhase

von Heinrich Hannover

Es war einmal
ein kleiner, tolpatschiger
Osterhase.
Dem fiel beim Ostereiermalen
immerzu der Pinsel hin,
oder er tupfte mit der Nase
oder mit den Ohren
in die Farbe.

So hatte er schließlich
eine rote Nase,
ein gelbes und ein grünes Ohr,
ein blaues und ein weißes Bein
und ein violettes
Puschelschwänzchen.
Alle anderen Osterhasen lachten,
wenn sie ihn sahen:
"Hahaha, du hast ja
eine ganz rote Nase",
und: "Hahaha, du hast ja
ein gelbes Ohr" und so weiter.

Zum Schluß fiel ihm
der ganze Farbtopf um,
und auf dem Boden
gab es eine große Pfütze.
"Ach du liebe Zeit!"
rief der kleine Osterhase.
Und dabei stieß er aus Versehen
an einen Tisch,
und alle Eier,
die er schon angemalt hatte,
und auch die,
die er noch nicht angemalt hatte,
fielen hinunter
in die bunte Pfütze.

Es war noch ein Glück,
daß sie nicht kaputtgingen,
denn der Waldboden
war weich vom Moos
und von den Gräsern.

Wieder lachten
die anderen Hasen
über den armen kleinen
Tolpatsch,
und der weinte eine Zeitlang.
Aber als er anfing,
die Eier wieder in den Korb
einzusammeln...

... da sah er,
daß sie in der bunten Farbpfütze
ganz wunderschön
geworden waren.
Auf manche Eier hatten sich
kleine Gräser und Blumen gelegt,
und an diesen Stellen
waren sie weiß geblieben.
Sonst sahen sie ganz bunt
wie Regenbogen aus.

Die anderen Hasen sahen,
wie schön die Eier
des kleinen Tolpatsches
geworden waren.
Da hörten sie schnell auf
zu lachen
und wurden ganz still.
Auch die Kinder haben
nachher zu Ostern am liebsten
die schönen bunten Eier
des tolpatschigen Osterhasen
gegessen.
Die Kinder suchten seine Eier
im Wald.

Sie freuten sich
über die besonders schönen
Regenbogenfarben
und die Gräser und Blumen
darauf.
Da hat der kleine
tolpatschige Osterhase
hinter einem Busch gesessen
und zugeschaut
und hat ganz leise gelacht.

Zum Verschenken:
OSTER-VÖGEL

Male den Korken an.
Schneide einen Schnabel
aus Karton.
Ritze mit dem Messer
einen Schlitz in den Korken.
Stecke den Schnabel hinein.
Stich mit dem Nagel
ein Loch für den Blumen-Draht
und Löcher für die Flügel.
Befestige die Feder-Flügel
am Korken.
Stecke den Korken-Vogel
auf ein Stück Blumen-Draht.

Osterhasen○ertag

von Edith Spangenberg

H○ni, unser w○ßer Hase,
hat auf s○ner Hasennase
○nen kl○nen bunten Fleck:
○n wenig gelb, ○n wenig rot,
○n wenig grün, ○n wenig blau.
Wer H○ni sieht, der w○ß genau,
morgen ist ○n F○ertag:
Osterhasen○ertag.
F○ne ○er hat der Has'
überall versteckt im Gras -
○ns blau gestr○ft, ○ns w○ß gefleckt,
○ns rot, zw○ gelb, dr○ buntgescheckt.

Male die ○er bunt aus.

Das Riesen-Ei

Die Hasen schleppen wie verrückt
ein Riesen-Osterei.
Nur Herbert Hase ist entzückt,
denn er hat heute frei!

KNUSPRIG-BRAUNE OSTERHASEN

Du brauchst:

250 Gramm weißes Mehl,
250 Gramm Vollkornmehl,
1 Tütchen Backhefe,
2 Eßlöffel Zucker
1 Prise Salz
2 Eßlöffel Öl
1 Ei
1/4 Liter lauwarme Milch,
einige Rosinen,
1 Eigelb.

Vermische Mehl, Hefe,
Zucker und Salz
in einer Schüssel.
Füge Öl, Ei und Milch hinzu
und verknete alles
mit einem Mixer,
bis der Teig glatt ist.
Knete den Teig
auf einer bemehlten Fläche
noch einmal durch.
Wenn er an den Händen klebt,
gib noch etwas Mehl hinzu.

Die Osterhasen
werden aus
verschiedenen
Teigstücken
zusammengesetzt.

Rosine — aus Kugeln Ohren formen
große Teigkugel kneten
kleine Teigkugel kneten
Schnecke rollen

Forme Hasen aus dem Teig.
Drücke Rosinen als Augen hinein.
Fette ein Backblech mit Öl ein
und lege die Figuren darauf.
Die Figuren werden
durch die Hefe
etwa doppelt so groß.
Deshalb mußt du
genügend Platz
dazwischen lassen.
Decke das Blech vor dem Backen
mit einem Tuch ab
und lasse es eine halbe Stunde
an einem warmen Ort stehen.
Bepinsel die Osterhasen
mit dem Eigelb.
Backe sie im Backofen
bei 220 Grad 15 Minuten.

**Mit einer Schleife
sind die Osterhasen
ein schönes Geschenk.**

Der Eierdieb

Der Osterhase hat heut nacht
einen Überfall gemacht.
Hühner, Hahn und auch der Bauer,
alle waren ziemlich sauer.

Doch statt die Eier zu verteilen
will er schnell nach Hause eilen.
Er macht ein riesiges Omelett*
und legt sich rülpsend in sein Bett.

(*Ein Omelett ist ein Eierkuchen)

Osterhasen-

Für 🐰🐰🐰🐰🐰 brauchst du:

2 Eßlöffel Tapetenkleister

2 Tassen Wasser

Ungefähr 60 Blatt weiches, weißes Klopapier

6 große ausgeblasene Eier

Salatöl

Pinsel
Filzstifte
Schere
Papier
Stoffreste

Eierwärmer

1 Gib das Wasser in eine Schüssel. Rühre den Kleister hinein.

2 Reiße das Klopapier in kleine Stücke.

3 Knete das Klopapier und Kleister zu einem dicken Brei.

4 Stelle die ausgeblasenen Eier in Eierbecher. Pinsle sie mit Salatöl ein.

5 Bedecke die obere Eihälfte gleichmäßig mit dem Brei.

6 Forme Kopf und Ohren und setze sie auf.

7 Lasse die Häschen drei Tage trocknen.

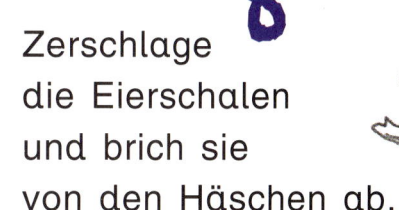

8 Zerschlage die Eierschalen und brich sie von den Häschen ab.

9 Male mit Filzstiften Schnauze und Augen.

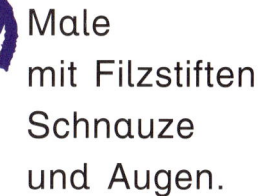

Schneide aus Papier und Stoffresten Schals, Krawatten, Tücher, Kragen aus und binde sie um.
Fertig!

Hugo Hase von Volkmar Röhrig

Die 🐰🐰🐰 hoppeln aufgeregt

vor ihrer 🏕 hin und her.

Wann bringen der 🐓

und die 🐔🐔🐔 endlich die 🥚🥚🥚?

Die 🐰🐰🐰🐰🐰 wollen

die 🥚🥚🥚 bunt anmalen.

Der kleinste 🐰 heißt Hugo.

Endlich kommen die 🐔🐔🐔!

Der 🐓 kräht:

„Wir sind am 🪵 langgerannt,

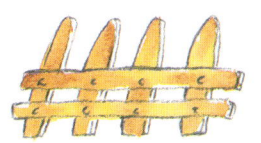

da hat uns der 🐕 gejagt.

Hinter dem 🏠 hat uns fast

ein 🚗 überfahren.

Und dann ist ein 🧺 zerrissen!"

„Ja, ja, ja!" gackern die 🐔🐔🐔.

Aber nun sind die 🥚🥚🥚 da.

Auf der 🌿 am 🌳

stehen viele 🪣.

Zwei 🐰🐰 bemalen die 🥚🥚🥚.

🐰 will mitmalen.

Die 🐰🐰 tauchen

die 🖌🖌 in die 🪣🪣🪣,

und schwupp, hat 🐰

ein rotes 🖌

und ein gelbes 🖌.

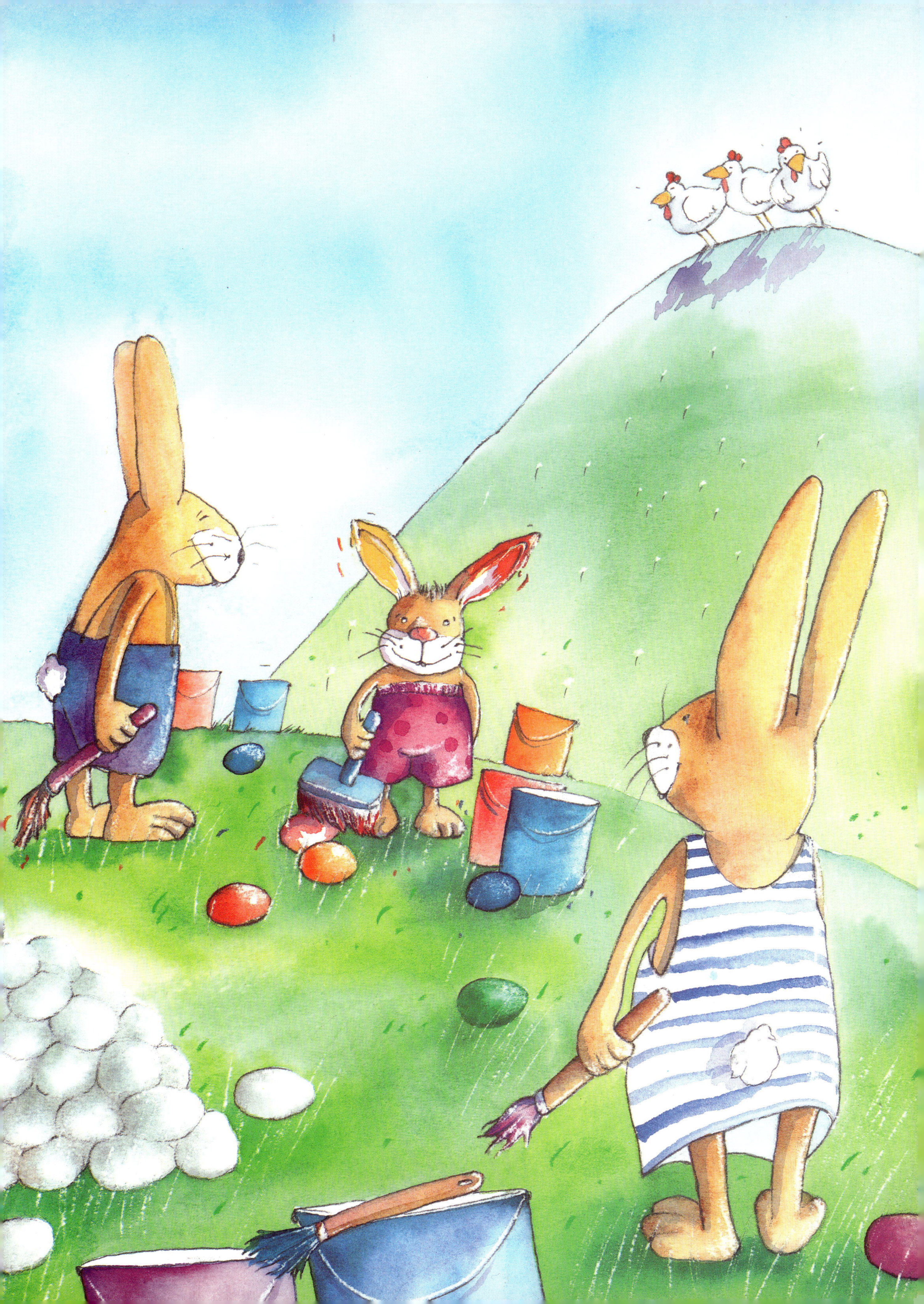

MÜCKI und MAX und

Starke Zeitschriften für

MÜCKE

starke Kinder

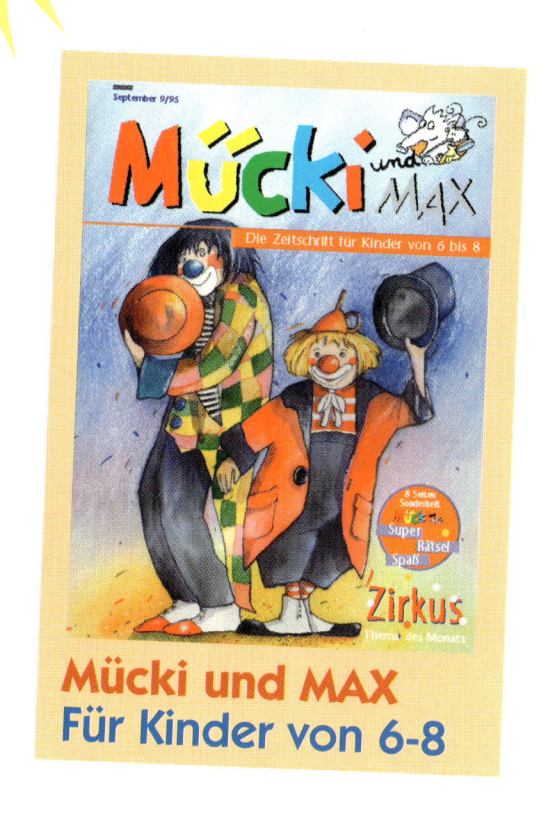

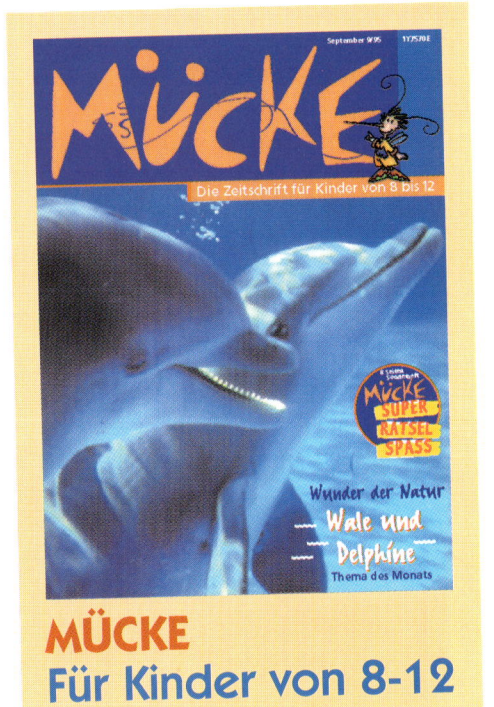

MÜCKE
Für Kinder von 8-12

Mücki und MAX
Für Kinder von 6-8

Jeden Monat neu:
jede Menge Spannung
witzige Geschichten
tolle Tierposter
ABC-Seiten
Rätsel, Spiel und Spaß,
Tips zum Umweltschutz

Laßt euch von **Mücki und MAX** und **MÜCKE** bestechen.
Fordert ein **kostenloses Probeheft** an:
Universum Verlagsanstalt
Postfach 100
65175 Wiesbaden
Tel.: 0611/5802-159
Fax.: 0611/5802-177

Quellenverzeichnis

Texte:

Helme Heine, Das schönste Ei der Welt. © Gertraud Middelhauve Verlag, München
Janosch, Das Liebesbrief-Ei. © Janosch
Heinrich Hannover, Der tolpatschige Osterhase. © Heinrich Hannover
Andreas Röckener, Der Eierdieb. © Andreas Röckener
Volkmar Röhrig, Hugo Hase © Edition Bücherbär im Arena Verlag, Würzburg
Sonja Student, Das Riesen-Ei © Universum Verlagsanstalt, Wiesbaden
Edith Spangenberg, Osterhaseneiertag © Edith Spangenberg
Anne Steinwart, April, April © Anne Steinwart
Fredrik Vahle, Das Ei © Gertraud Middelhauve Verlag, München

Bastelbeiträge; Spielideen, Fotos:

Dagmar Binder (S. 14-15, 16-17, 20-21, 32-33, 35)
Bärbel Ebert (S. 40-41)
Rudolf Koch (S. 8-9, 26-27)
Renate Schaefer-Ludwig (S. 8-9, 26-27)
Christa Vogt (S. 36-37)
Petra Vogt (S. 36-37)

Illustrationen:

Wolf Erlbruch (S.18-19)
Helme Heine (S. 10-13)
Hildegard Müller: Umschlagillustration und alle nicht gesondert aufgeführten Illustrationen
Andreas Röckener: (S. 24-25, 38-39)